Cine y Cristianismo
Una Encarnación audiovisual

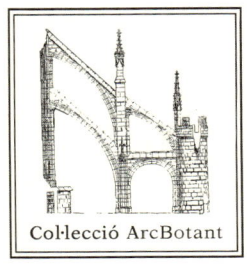

Col·lecció ArcBotant

ArcBotant · 3

Norberto Alcover Ibáñez, S. J.

Cine y Cristianismo
Una Encarnación audiovisual

Lleonard Muntaner, Editor

Mallorca · 2024

DIRECCIÓN:
Gabriel Amengual Coll

CONSEJO EDITORIAL:
Joan Bauzà Bauzà, Rafel Mas Tous, Ricardo Mejía Fernández
y Jaime Vázquez Allegue

CUBIERTA: Detalle de un fotograma del film
Jesús de Nazaret, de Franco Zeffirelli.

Primera edición: noviembre de 2024

© Norberto Alcover Ibáñez, S. J., 2024

© De esta edición:

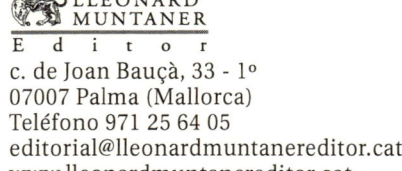 LLEONARD
MUNTANER
E d i t o r
c. de Joan Bauçà, 33 - 1º
07007 Palma (Mallorca)
Teléfono 971 25 64 05
editorial@lleonardmuntanereditor.cat
www.lleonardmuntanereditor.cat

Transcripción de: Álvaro Sierra González

ISBN: 978–84–10377–11–0
Depósito legal: PM–798–2024

LA COL·LECCIÓ «ARCBOTANT»

Arcbotant, m. Element constructiu característic de l'arquitectura gòtica que transmet l'empenta de la volta de la nau central als contraforts laterals.

Allò més vistós de les catedrals gòtiques són les columnes que, com fletxes, es llancen al cel, les voltes de creueria, els finestrals deixant entrar la llum amb la varietat de figures i colors. Tot això és possible gràcies a aquest element que sosté i aguanta les columnes, que aguanten les voltes i alliberen les parets que es poden obrir. No és l'element més vistós, però sí decisiu. Una cosa semblant passa en la nostra vida: a més de les grans preguntes i qüestions (religioses, socials, familiars, personals), necessitem ajuda per viure el dia a dia, un element que ens sostingui.

Això pretén ser aquesta col·lecció, que vol oferir unes eines que ens sostinguin en la vida de cada dia, en el treball en els seus diferents àmbits, en la professió, en les diverses relacions personals, socials, laborals, en la família, en la pregària, en l'acció.

Para Nazzareno Taddei, S. J.,
maestro y amigo. In memoriam.

TRÍPTICO DE SITUACIÓN

1. Comunicación y cristianismo

Cuando hablamos del Dios cristiano, resulta que hablamos de un fenómeno comunicativo radical. No en vano, ese Dios se nos ha manifestado hecho asequible, al encarnarse en la persona humana de Jesús de Nazaret, nacido de mujer y paradigma del creyente. Quiero decir que el cristianismo se abre camino en la historia humana en la medida en que se ofrece no solo como concepto porque también como imagen audiovisual, cuya historia se condensa en lo que llamamos «evangelios» o bien en el testimonio de otras personas también audiovisuales que nos han comunicado su experiencia creyente.

Por esta razón, el arte, en todas sus dimensiones, está plagado de referencias cristianas, en intentos sucesivos de comunicar de forma más asequible el misterio de Dios en Jesucristo, su Único Hijo Encarnado, Muerto y Resucitado.

Una cosa es lo que el artista ha pretendido y otra muy diferente lo que el consumidor de las obras artísticas consiga: no siempre la comunicación de la fe consigue abrirse camino en el receptor de tal comunicación. Ya le sucedió al referente prioritario del cristianismo: unos fueron capaces de decodificarlo y otros no. Por razones muy complejas y diferentes, que persisten hasta hoy ante los productos culturales vinculados a la fe de los apóstoles del comienzo.

Pero en todo caso, resulta que nuestro misterio de fe «se comunica», una realidad que solemos llamar «evangelización». Siempre existe un emisor, un receptor y un medio lingüístico, a través del que se emite un mensaje, es decir, eso que llamamos «fe cristiana». Una adhesión radical a la persona de Jesucristo como manifestación del misterio de Dios. Que resulta un «Dios audiovisual». Y por esta razón, el cine ha sido, es y seguirá siendo un medio privilegiado de «comunicar el cristianismo».

Pero tal afirmación conlleva un salto de paradigma: desde el paradigma verbal al paradigma icónico de naturaleza audiovisual. Y tal salto hay que entenderlo y después ser capaces de interpretarlo. Por ahí, deseamos discurrir nosotros en estas páginas tan culturales como creyentes, y de esta manera, ofrecer una metodología práctica a quienes tienen como tarea casi profesional, comunicar la fe a personas implicadas en una sociedad como la nuestra: tan poco entregada al misterio… pero sí cansada de repetidas evidencias empíricas.

A tales personas, que trabajan en la evangelización y en circunstancias muy difíciles, se dirigen estas páginas con el deseo de poner en sus manos un instrumento válido para comunicar nuestra fe cristiana a personas, determinadas, en tantos casos, por un clima agnóstico dominante. Por lo tanto, se trata de una serie de instrumentos cinematográficos mediante los que una serie de direcciones o realizadores comunican sus mensajes, sus puntos de vista, sus convicciones (eso que denominamos «el contenido de un film»), pero que siempre nos alcanzan por obra y gracia de una serie de elementos lingüísticos, que es preciso tener muy presentes para no falsificar esos contenidos enunciados.

Dicho de otra manera y como pórtico de estas páginas: utilizar las películas para «poner en común» (tal cosa es comunicar) materiales relacionados con nuestra fe cristiana, supone que quien lleva a cabo tal tarea está en posesión de ese instrumental lingüístico, al que solamente haremos breve alusión inmediatamente. De lo contrario, como tantas veces ha sucedido en el pasado, manipulamos el mensaje o, lo que es más preocupante, tan siquiera lo utilizamos por nuestra incapacidad de una decodificación lingüística necesaria.

2. A MANERA DE INSTRUMENTAL

Aunque sea brevemente, indicamos desde el comienzo, una serie de elementos audiovisuales que conforman un lenguaje cinematográfico, de forma que los lectores sean conscientes de los mismos y también puedan comentarlos a la hora de aproximarse a cualquier película. Porque todo producto comunicativo es obra de algún tipo de lenguaje, utilizado por el emisor del mensaje y descifrado por el receptor de ese mismo mensaje, de tal manera que seamos capaces de captar todas las virtualidades de una película, en nuestro caso. De antemano advertimos: afirmar con tanta rotundidad como solemos hacer que una película transmite un mensaje determinado basándonos solamente en la narración, sobre todo verbal, de la historia contada, es quedarse en la superficie del mensaje incluso ser incapaces de objetivar en toda su dimensión conceptual y riqueza expresiva. Es evidente que esta cuestión solicita más extensión para comprenderse del todo, pero en nuestro desarrollo no podemos dejar de hacer una alusión lo más clara posible a la misma: lo que está en juego es la verdadera comprensión de los films y, en consecuencia, de la proyección pedagógica de los mismos.

Al respecto, hacemos las siguientes aportaciones:

Una película es una tarea de equipo, si bien solamente hacemos parada y fonda en el director y en algunos actores/actrices. Por esta razón, enunciamos el listado de los miembros fundamentales de tal equipo:

- **Productor**: quien pone el capital y controla la realización del film a todos los niveles, salvo raras excepciones. Aumentan las Co-producciones entre varias empresas. El capital designa un «Productor Delegado» para el control económico directo del film. El mundo de las Productoras es, para el cine, tan relevante como el de las Editoriales en el caso de los textos escritos. Es bueno seguirles las pista y comprobar qué tipos de productos apoyan

- **Guionista**: es el autor del texto literario en que se apoya la narración de la película, que puede ser un «guión abierto» o «de hierro», según determine más o menos todos los detalles del film. En general, es la Productora la que designa al Guionista, pero los grandes directores suelen imponer los suyos. El mundo del cine sería imposible de concebir sin la tarea de estos profesionales.

- **Actores y actrices**: son la «carnalidad fílmica» porque soportan y llevan adelante, mediante sus acciones y diálogos, las historias previamente escritas por el guionista y matizada por los otros protagonistas del equipo. En general, identificamos nuestros conocimientos cinematográficos por películas míticas en función de interpretaciones no menos antológicas.

- **Director de fotografía**: responsable de toda la filmación del film, según las posibilidades del Productor y las órdenes del Director. En el cine de características religiosas es fundamental la calidad fotográfica por los «ambientes» en pantalla.
- **Banda sonora musical**: todo lo anterior se apoya en creaciones musicales de mayor o menor rango, pero que amalgaman el conjunto del film. La música de un «tono», un «aire», un «encanto», desde la música apocalíptica de la ciencia ficción hasta la entrañable de las grandes comedias norteamericanas.
- **Director-Realizador**: la persona, en ocasiones varias, que sobre un guión previo y teniendo presentes a los demás colaboradores, aglutina al equipo, toma las determinaciones de todo tipo, dirige las interpretaciones y trabaja muy de cerca con el **montador**, el encargado de organizar el material filmado de manera que traduzca el espíritu del guión y los matices impuestos por el director. El guión literario se

consuma en el montaje audiovisual, el film cerrado sobre sí mismo y que se ofrece al espectador.

3. A DÓNDE QUEREMOS LLEGAR

Con los datos anteriores, si bien lo hayamos hecho de forma muy resumida, la comunicación cinematográfica adquiere todo su potencial y su especificidad, distanciándose de la mera comunicación literaria o filosófica, fundadas esencialmente en las virtudes del concepto y de la palabra. Aquí, por el contrario, concepto y palabra están presentes desde el guión pero adquieren su perfección cinematográfica en la medida en que se transforman en imagen audiovisual mediante la acción de un grupo de profesionales en plurales tecnologías, como hemos visto. Pero decimos algo más de gran relevancia.

Nuestra comunicación no solamente es cinematográfica sino que, además, intentamos analizar de qué manera tal comunicación consigue transmitir el misterio de nuestra fe cristiana, tomando como gran referente la persona y la vida del Hijo de Dios Encarnado, Jesucristo, según dijimos al comienzo. No olvidemos que el apóstol nos dice «lo que hemos visto y oído de la Palabra de la Vida», es decir que esa Palabra es vista y es oída porque era un fenómeno audiovisual en un lugar visualizable, con sonidos perfectamente audibles, de tal manera que «esa Palabra» es la que nos transmiten sus primeros receptores. Y este hecho funda todo el arte cristiano hasta nuestros días, que alcanza una extraña perfección en el cine. No estamos ante un sistema de comunicación creyente de menor entidad que los anteriores, en todo caso, aglutinador de todos ellos para dar a luz unos mensajes más penetrantes por más asequibles y cercanos.

Y como tenemos el instrumental necesario, penetramos directamente en el mundo de la «comunicación cristiana cinematográfica», objetivo propio de estas líneas.

I. PRODUCTOS CINEMATOGRÁFICOS DE CUÑO CRISTIANO: GRANDES REFERENTES Y MENSAJES CORRESPONDIENTES

Una vez que contamos con el instrumental lingüístico para comunicar los mensajes oportunos, pasamos a analizar la historia cinematográfica y su relación con el cristianismo, para llegar a la conclusión de que tanto la doctrina evangélica como la misma existencia del Dios manifestado en Jesucristo, forman parte de este fenómeno artístico que, así, como decíamos al comienzo, se convierte a lo largo de más de un siglo hasta nuestros días en un medio de comunicación cristiana de alto valor pastoral. Y lo hacemos de una forma un tanto inusual. Lo explicamos.

En general, cuando abordamos esta cuestión, preferimos optar por una enumeración de los productos fílmicos explícitamente religiosos y en ocasiones cristianos, de tal manera que dejamos de lado la misma identidad del medio como forma estricta de comunicación artística y, por ello mismo, sacamos «mensajes» de una chistera sin fundamento. En nuestro caso, comenzaremos por analizar una serie de personalidades fílmicas (grandes directores, siempre con sus respectivos equipos), cuya obra expresa la «cultura cristiana» directa o indirectamente, para después enumerar los diferentes tipos de mensajes según la enumeración de películas antológicas, decisivas en la historia del cine. De esta manera, insistimos en ello, somos fieles a la naturaleza del mismo cine, y desde ahí alcanzaremos los «contenidos» en cuanto tales.

A. Grandes autores/directores referenciales en el conjunto de su obra

Se trata de personalidades cuya obra, sin excepción, comunica realidades cristianas o, también, valores cristianos evidentes. Por supuesto, no agotamos los representantes de tal grupo, pero insistimos en los más reconocidos desde nuestro punto de vista.

a. John Ford: el realismo norteamericano de raíces cristianas

Dejamos de lado a Chaplin y a Renoir y a Griffith porque sus aportaciones son más temáticas y técnicas que estéticas y temáticas de altos vuelos, y citamos en primer lugar al padre del gran cine norteamericano, a ese John Ford que, sobre todo mediante sus films sobre el Oeste Yanqui, nos ha regalado

ese estilo sobrio, narrativo, de personajes só-
lidos y, sobre todo, un cine de la solidaridad
humana y de la misericordia ante los vulnerables. Películas como *La Diligencia* (1939),
donde pone los cimientos del cine del Oeste, *Las uvas de la ira* (1940), excelente fresco
de la emigración durante la crisis del 28 y
donde emblematiza el blanco y negro como
cromatismo innovador, *Centauros del desierto* (1956), la fuerza del western en estado
puro y duro, *Que verde era mi valle* (1941),
cántico al pueblo sencillo y despliegue de
un hálito poético que impresiona, *El hombre que mató a Liberty Valance* (1962), de un
análisis de los personajes propios de déca-
das posteriores, y en fin, la llamativa *Siete
mujeres* (1966), donde, tras ser acusado de
cierta misoginia, llevaba a cabo los relatos
biográficos de siete personajes fascinantes,
anticipándose a corrientes posteriores, son
una buena muestra de este hijo de irlande-
ses que desde 1894 a 1977 llenó el cine de
entusiasmo, de narraciones implacables y
sobre todo de una humanidad absoluta.

Su idea central que comunicó en todos
sus films, el ser humano es humanidad, y
una estética lingüística basada en planos
generales mezclados con primeros planos,
donde esa humanidad se muestra en toda

su grandeza y también en sus graves limitaciones. Y siempre con la personalidad de John Wayne y Maureen O'Hara encabezando sus repartos. Impuso un cine honesto y honrado, un tanto masculino en su fisicidad, del que han bebido todos los grandes directores.

Este gigantesco monumento cinematográfico estaba impregnado del catolicismo irlandés recibido por su familia. Una vivencia profundamente evangélica porque, sin excepción alguna, todas sus películas están impregnadas de una fraternidad radical, sobre todo en sus grandes personajes protagonistas, encabezados por su actor fetiche, ese John Wayne que rezuma honradez, solidaridad y respeto hacia la mujer, todo ello dentro de una masculinidad tan frecuente en su época, Ford es un ejemplo excelente de un cine profundamente cristiano… sin necesidad de hacer apologías explícitas de su fe.

Y en este sentido, junto a críticas feroces por su identidad conservadora, Ford es un hombre clave en la gestación de la moderna narración fílmica y en la creación de obras audiovisuales impregnadas de valores evangélicos, hasta el punto de ser uno de los autores más recomendables para descubrirlos en nuestra sociedad.

b. Ingmar Bergman: hacia una metafísica cristiana

La irrupción de Bergman en 1971 con *El séptimo sello*, le situó en un pedestal indiscutible: el silencio de Dios y la presencia de la muerte como alternativa rotunda a la vida, combinaban un espectro temático casi desconocido en el cine mundial, salvo en algunos momentos de Dreyer. Es cierto que la educación recibida determinaba todo el film, pero a su vez, constituía un primer acto de rebelión ante la oscuridad dominante. Con la impresionante interpretación de Max Von Sydow en la caracterización de la Muerte en una partida de ajedrez desconcertante. Pero es que en 1960, nos echaba en cara *El manantial de la doncella*, introduciendo la sexualidad agresiva en su iconografía temática. Esa cuestión de la inocencia agraviada, recorrerá, bajo múltiples formas, toda la filmografía de Bergman. Es la infancia perdida. Es el sueño fracasado.

Un vector que alcanza lo sublime en *Gritos y Susurros* (1972), probablemente su película más ambiciosa sobre el pecado de avaricia, la frigidez sexual, la angustia humana y, sorprendentemente, la compasión de una sirvienta gruesa y acogedora que conduce a su señora hasta los campos de la gracia religiosa. Añadamos a este film sorprendente, *Persona* (1966), para Bergman uno de sus preferidos, en que la indagación psicológica del universo femenino se traduce en una pasión irresuelta. Y tantas obras más de este buscador infatigable, este empedernido y sobre todo antropólogo metafísico de la condición humana. Nadie, posteriormente, ha superado su cine sólido y grave, inquietante y radical.

Tal metafísica antropológica de este hombre reservado y un tanto solitario, se trascendía, además, en un combate cristiano nunca acabado que, como ya hemos escrito, recorre todas las oscuridades de un espíritu casi enfermizo al situarse ante el misterio de Dios. Así, Bergman aparece como un sobresaliente «hombre de su época», unos años entre los cincuenta y los setenta, cuando los europeos se inquietaron ante la dificultad de dar salida a sus inquietudes sin hacer presente su interrogación sobre Dios y no menos «el más allá». En las antípodas de Ford, por ejemplo, el cine de Bergman es más moderno y agresivo en sus planteamientos cristianos, pero hinca sus raíces en esa religiosidad nórdica tan lejana de la del resto de Europa, tal vez con la excepción de Alemania.

Es evidente que las películas de Bergman exigen, desde el punto de vista formativo, cierta madurez humana, acompañada de otra semejante religiosa, pero, en todo caso, aparecen como un «instrumento» de primera magnitud a la hora de ayudar a plantearse en la actualidad ese universo trascendente, desde un horizonte cristiano, que tanto ha conmovido a los seres humanos hace años pero también ahora, si bien en un clima de «ausencia de Dios» como parece desear una sociedad más superficial que verdaderamente agnóstica. Cerramos este comentario del director nórdico, con las palabras paulinas con que concluye su película más ambiciosa, *Gritos y susurros*: «Todo es gracia». El angustiado Bergman, en un momento de plenitud, impone la esperanza del amor cristiano sobre las fragilidades acongojantes. Todo un genio del cine y de la fe.

c. El Neorrealismo Italiano: una presencia cristiana en lo cotidiano: Rossellini, Vittorio De Sica, Fellini, etc.

Y en fin, tras la Segunda Guerra Mundial y la derrota de los fascismos europeos, además de japoneses, con territorios desérticos y los ideales venidos a menos, en Italia surge el Neorrealismo Italiano, probablemente el movimiento cinematográfico más relevante entre tantos otros. El cine dejaba las ensoñaciones fascistas y el falso optimismo de sus historias al uso, para inclinarse sobre la realidad destrozada, y filmarla sin apenas intermediarios lingüísticos, y reponiendo sobre el tapete de la historia el humanismo cristiano con matices comunistas.

Es que los hombres y mujeres neorrealistas, en general, tenían una fortísima formación cristiana/católica. Un «evangelio de la fraternidad» recorre todos sus films, hasta llegar al cénit del testimonio creyente en la emblemática *Roma, ciudad abierta* (1945), con el protagonismo de un sacerdote que, mientras ayuda a la Resistencia con un despliegue de radical caridad fraternal, ejecuta su misión con un sentido del deber ministerial admirable. Pero también son importantes obras de raíz cristiana/católica, en ocasiones indirectamente, en base a valores de nuestra fe, tres grandes obras de Federico Fellini, como son *Ladrón de bicicletas* (1948), *Las noches de Cabiria* (1957) y *Ocho y media* (1963) en donde la concepción creyente de la vida impregna narraciones siempre emocionantes, sin perder por ello esa tensión crítica que el mismo hecho religioso necesita para depurarse.

Junto a Fellini, Vittorio de Sica desarrolla una aproximación más social a la realidad, que en tantas ocasiones nos remite al texto de Las Bienaventuranzas: ahí están *Ladrón de bicicletas* (1948), *Umberto D.* (1952) y *Los girasoles* (1969), todas ellas nos conducen hasta el corazón tan frágil de nuestra humanidad, con una delicadeza y sensibilidad entrañables. Citamos, en fin, a un tercer hombre muy diferente al de los anteriores, ese Michelangelo Antonioni que, desde una óptica casi agnóstica, aparece como un «negativo» de la bondad humana, en otra trilogía necesaria para entender la Europa burguesa de la postguerra: *La aventura* (1960), *La noche* (1961) y *El eclipse* (1962) son films oscuros, agrietados, donde esa esperanza evangélica de Fellini y De Sica, también de Rossellini, se transforma en su dimensión más cainita al poner en evidencia el gran pecado de la incomunicación, también una dimensión cristiana de relevancia capital en la Historia de Salvación.

El Neorrealismo siempre ha producido resultados llamativos en todas las escuelas cinematográficas posteriores, impregnando de ese «evangelio de la fraternidad» a directores como Spielberg o Scorsese, entre otros muchos. Sus películas son auténticos «instrumentos de evangelización», sin necesidad de grandes planteamientos previos. Porque los maestros italianos son, además, asequibles y humanísimos.

d. Martin Scorsese: sobre el dramatismo de Dios en Jesús

Según muchos de los analistas cinematográficos, Martin Scorsese es el más relevante de los directores en acción por sus aportaciones al lenguaje fílmico pero también por sus implicaciones éticas en todas sus obras. Nosotros añadimos que, a su vez, es el director con una inquietud religiosa, de cuño católico, más evidente del momento. Toda su obra se resume en estas palabras del mismo Scorsese: «¿Dónde encuentro el sentido de la existencia y el sentido de la vida? Para mí es la Cristiandad». Y en otro momento de su vida, y en una entrevista en el *New York Times*, decía: «Está el entretenimiento audiovisual mundial y está el cine», estableciendo una separación radical entre el «cine como espectáculo» sin más y el «cine como medio de comunicación». En otra ocasión, y en *Variety*, se dijo del autor latinoamericano: «Aunque se había alejado de la religión durante años, se sentía más cómodo como católico». Así, es un caso extraño en el panorama del cine mundial, lejano, en general, del compromiso ético explícito y mucho más a la cercanía no menos explícita al mensaje del cristianismo del cuño católico. Una rara avis que los creyentes no podemos olvidar.

Destacamos que su gran preocupación religiosa es la relación entre culpa y redención, si bien parece tratarse no solo de un planteamiento religioso porque también con resultados antropológicos, como si el ser humano llevara consigo una pulsión de pecado y de gracia. En este sentido destacamos tres obras de Scorsese: *Taxi driver* (1976), con ese Travis Bickle/Robert de Niro hundido en la soledad neoyorquina, con sus pecados a la espalda, que encuentra redención en su defensa a ultranza de la joven prostituta, encarnada por una llamativa Jodie Foster. Travis se redime mientras redime a la joven manipulada por un chulo perfectamente encarnado por Harvey Kitel. Una película realizada con el mismo espíritu libre de la Nouvelle Vague francesa, que marca un comienzo ilustrativo de la madurez de nuestro autor. Un film que pide preparación para su utilización pedagógica, pero de una eficacia demoledora ante el misterio de misericordia que contiene. Sin concesiones a una religiosidad fácil es de un espíritu evangélico enorme. No hay que olvidar que Scorsese, en su juventud, se planteó el sacerdocio y hasta permaneció un tiempo en una casa de formación. Como tantos realizadores italoamericanos de su época.

La segunda película que traemos a colación es *La última tentación de Cristo* (1988), un film que ha suscitado grandes polémicas por su intromisión en la sexualidad de Jesucristo, pero probablemente la película que profundiza más y más en la humanidad del Señor Jesús. Con sus exageraciones visuales conocidas, Scorsese nos demuestra su fascinación por el Señor de forma tan arriesgada como admirable. Necesitada de oportuna presentación, y para un público un tanto adulto, conduce a esa personalidad de Jesucristo y demostrada en las tentaciones en el desierto, que solemos pasar por alto. Y que de manera tan intensa nos acerca la persona de nuestro Salvador a nuestra propia colisión entre tentación y pecado/gracia. Y en tercer lugar, esa maravilla sobre los riesgos del riesgo mismo en *Silencio* (2016), cuando los protagonistas, dos jesuitas jóvenes lanzados al caos de la persecución religiosa en Japón, bien alcanzan el martirio o bien, uno de ellos, acaba por entregarse a la abdicación de su fe... si bien la mantiene en su interior. Un film tan grave como *Gritos y susurros*, del ya citado Bergman, si bien más arriesgado por conjugar el deseo de recuperar al amigo perdido y los peligros de esa misma recuperación. En ocasiones, el peso de la realidad acaba por demoler la supuesta fortaleza de la fe. Las escenas del joven e inquieto religioso mientras celebra la Eucaristía con los indígenas japoneses, son de los momentos de mayor hondura del cine que busca a Dios en su propio misterio.

Scorsese, además, nos sorprendió con un film que, a la vez que lleva hasta los límites morales la personalidad de los mafiosos como aparentemente buenos ciudadanos y a su vez criminales radicales, nos plantea el terrible pecado de la «solidaridad en el mal», tantas veces practicado y pocas veces censurado. *El irlandés*, en 2019. El dueto formado por Robert De Niro y Joe Pesci merece un análisis tanto estético como humano para penetrar en ese mal convertido en protagonista. Porque no podemos olvidar que tales protagonistas son de origen católico/irlandés y no menos católico/italiano. Un detalle para la reflexión, que muestra su rostro más demoledor en *El Padrino*, de Coppola. Dos obras maestras sobre la antropología religiosa del pecado enquistado en unos seres humanos, más allá de toda limitación ética y moral.

Scorsese siempre ha sido un independiente en la industria norteamericana del cine, en ocasiones ha cedido a su presión, pero nunca ha dejado de contar con el apoyo de grandes actores y actrices, además de guionistas como Schraeder, entre otros. Nada espectacular en su vida social, es el hombre que ha sabido conjugar la narratividad del maestro Ford/USA y no menos la profundidad de los maestros neorrealistas, todos ellos ya citados. Scorsese ofrece un ciclo fílmico de altísima calidad con las tres películas comentadas al comienzo de este apartado. Estamos ante un creyente que se deja de frivolidades y nos conduce hasta el meollo de nuestra fe cristiana/católica.

e. Carl Theodor Dreyer: el viaje hacia la profundidad del misterio de Dios

De nuevo, traemos a colación uno de los padres del cine cristiano, y en este caso, de manera directa y explícita. Puede, también, que animado de cierto espíritu luterano, que comunica a toda su obra un alto grado de angustia, a la vez que un enorme estímulo de misericordia. Y en determinados momentos, un evidente misticismo en la medida en que el misterio de Dios en Jesús atraviesa sus imágenes con una calidad absolutamente emocionante, sobre todo para la sociedad actual. Austero, con un blanco y negro fascinante en sus claroscuros, su influencia en Bergman es evidente para todos los expertos. Si hay un cine verdaderamente espiritual/trascendente, apasionado, a su vez, por la humildad más evangélica, es el de este autor recoleto y obsesivo, que nos llevó de la mano hasta esa desconcertante secuencia de *La Palabra*, en que la resurrección es abordada con una sensibilidad y valentía jamás superada en la historia cinematográfica. Pero descendamos a sus films, pocos pero inolvidables.

Cuatro películas son antológicas en la historia de la comunicación cristiana cinematográfica, que es, en definitiva, nuestra preocupación. En 1928 lanzaba a los ojos de una Europa frívola de entreguerras, algo tan intenso como *La Pasión de Juana de Arco*, donde convertía el agonismo de los primeros planos en un medio estilístico para evidenciar tanta pasión como recorría la destrucción de la heroína francesa. Se trató de una investigación icónica y cromática del esfuerzo humano traspasado por una gracia rompedora. Tal intensidad mística alcanza su cénit en la ya citada *Ordet/La Palabra* (1955). Es la historia de «un teólogo enloquecido que se cree Jesús, de tal manera que pone en entredicho la fe religiosa de su familia ante la muerte», como comentó Roberto Bresson, coetáneo francés, del que hablaremos más tarde. La teología se abre camino entre irrupciones enloquecidas, hasta consumarse en «el milagro» que surge de una escenografía tan aséptica como desafiante. Después de *La Palabra*, es imposible dudar de las posibilidades del lenguaje cinematográfico para trascender la pantalla y alcanzar el núcleo de nuestra fe cristiana. Más películas honran la memoria de Dreyer, tan olvidado en certámenes de cine religioso por un miedo ancestral a obligar que lo espectadores confronten su fe con el misterio en cuanto tal, ese sin el cual lo creyentes perdemos pié y nos instalamos en la inmanencia más absoluta.

Por semejantes derroteros se ha movido el gran Tarkovsky, cuyo simbolismo nos estremece en *Andrei Rublev* (1966) y *Sacrificio* (1986), como la misma revolución soviética permitiera, misteriosamente, trascender el materialismo impuesto mediante una búsqueda de la belleza y de la fraternidad más acusada, que asombró al mundo. Junto a él, el polaco Kieslowsky, con su célebre trilogía cromático/simbólica: *Azul* (1993), *Rojo* (1994) y *Blanco* (1994), un ejercicio lingüístico privilegiado, casi una antropología fílmica de la condición humana. Y en fin, el todavía viviente, Malick, un extraño norteamericano que, yendo más allá de un cine realista a ultranza, irrumpe en el paisaje religioso contemporáneo con *Malas Tierras* (1973) y sobre todo *El árbol de la vida* (2011), siempre denostado por cierta crítica inasequible a la trascendencia. Tres directores que se inscriben en la espiritualidad del gran Dreyer, y, repetimos, configuran un dibujo fílmico perfectamente integrado en nuestra herencia cristiana.

B. QUINCE PELÍCULAS REFERENCIALES EN TORNO AL CRISTIANISMO: DESDE LA AFIRMACIÓN ROTUNDA A LA NEGACIÓN RADICAL

a. *Viridiana*, de Luis Buñuel (1961): la inutilidad de la fe

En 1961, Luis Buñuel estremecía, desde el Festival de Cannes, al cine español pero también al mundial. Buñuel afirmó en su momento, a su buen amigo, el P. Arteta SJ, «soy ateo por la gracia de Dios». Y es cierto, porque solamente quien conoce las articulaciones del espíritu humano en relación con la inocencia y con la culpa, puede narrar esta historia en que se dan cita tres intenciones evidentes: la inutilidad de la caridad cristiana, la culpa como una realidad más fuerte que la gracia y, en fin, el poder del señor sobre una inocente novicia de nombre Viridiana. El final, que merece un análisis pormenorizado por parte de cada espectador, provocó las iras de la censura en España, la condena del Vaticano y en fin el escándalo de muchas personas que la interpretaron como un virulento ataque al cristianismo sin paliativos.

Pocos fueron los creyentes independientes capaces de «leer» en profundidad el film, para deducir por qué oculta razón Buñuel se había lanzado a un film que sabía molesto, pero que muy bien hubiera podido ayudar a reconocer determinadas limitaciones en la praxis católica del momento. Otra cosa es que las imágenes y los diálogos y los silencios de Viridiana resultaran agresivos y hasta ofensivos para muchos espectadores, lo que sigue sucediendo. Sin olvidar que la historia narrada acontece en plena Guerra Incivil española, y la cena de los mendigos puede asemejarse al caos de los desheredados de la fortuna, que llevará a un desenlace inesperado.

Viridiana, con una fotografía en un blanco y negro de libro, es del maestro José F. Aguayo, colabora a crear ese clima oscuro en que los primeros planos acentúan los «golpes del destino» que subyacen en todo momento. Tengamos presente también que Buñuel, el ateo por la gracia de Dios, se inspiró en *Almas*, de Benito Pérez Galdós, para el guión de su obra. Y destacar la capacidad de comunicación lingüística de Fernando Rey, Paco Rabal y la mexicana Silvia Pinal en el inocente rol de la novicia Viridiana. Hay que tener la valentía de afrontar este film borrascoso, pero del todo pedagógico para los avatares de nuestra fe, mediando una buena presentación desde todos los puntos de vista. Decía el mismo Buñuel que *Viridiana* (1961) era la continuación de *Nazarín*, realizada dos años antes, sobre la evolución de un sacerdote desconcertado ante el dolor humano y la necesidad de compartirlo con alguien muy cercano. Buñuel llevaría este universo hasta «los pecados de la burguesía egoísta» en *El discreto encanto de la burguesía* (1972), un film demoledor pero siempre analítico de la realidad.

b. *La Misión*, de Roland Joffé (1986): sobre la eficacia de la fe y los riesgos del creer cristiano

Nadie esperaba de Roland Joffé que se lanzara a una aventura como *La misión* (1986), si bien es cierto que dos años antes había realizado un film tan valioso como *Los gritos del silencio*, sobre las matanzas de los Jemeres Rojos en Camboya desde una historia de amistad entrañable entre un periodista norteamericano y su homólogo camboyano: con la vergonzosa huída conclusiva de los yanquis desde el helipuerto de su embajada, una de las secuencias más dramáticas jamás filmadas. Así pues, entre las dos películas hay dos elementos comunes: gestionar un gran espectáculo y narrar creíblemente una historia de amistad y de pérdida. Pero, lo decimos de nuevo, la primera no hacía presagiar la segunda, que nos ocupa, si bien el camino narrativo estaba abierto. Pensamos que visionarlas ambas puede resultar aleccionador desde el punto de vista lingüístico y por supuesto temático, porque los valores planteados en ambas son los propios de un «humanismo cristiano» profundo y llamativo.

La Misión es una historia situada en las «Misiones jesuitas» del XVII/XVIII, en un territorio cercano a las espléndidas Cataratas de Iguazú, fronterizas con Paraguay, Argentina y Brasil, donde los jesuitas crearon un sistema regenerativo y formativo de comunidades indígenas, alumbrado por una fe tan comprometida como litúrgica. El éxito fue llamativo, entre otras razones porque se produjeron obras de todas las artes conocidas hasta entonces, especialmente la música, la pintura, la escultura y hasta la arquitectura, alcanzando los nativos cotas de perfección inesperadas, consiguiendo crear maravillas artísticas pero con modos y formas típicos de su propia cultura, todavía visibles en la zona. Al cabo, los problemas territoriales entre Portugal y España, en los que estuvo implicado el Vaticano, acabaron por expulsar a los jesuitas de este territorio paradisíaco, lo que conlleva la dispersión de los nativos. Pero, como bien dice la secuencia final, quedaban la fe y la música, un legado inextinguible, fruto de un deseo evangelizador adelantado a su tiempo: no solamente crear creyentes, porque lo más urgente era formar hombres y mujeres aptos para que su fe fuera capaz de cambiarles la vida a mejor.

A efectos pedagógicos, con participantes de todo tipo y edad, es fundamental inducir a preguntarse por las intenciones de «los misioneros» (los que tienen una misión eclesial), absolutamente ligadas al Reino de Dios en el Sermón del Monte y en la Pascua de Jesucristo, con lo que el film se convierte en referente para nuestra propia evangelización, pero también hay que preguntarse por el combate espiritual del Capitán Rodrigo de Mendoza, un espléndido Robert de Niro, dividido entre la venganza y la conversión, demasiado trucada por la culpa. Será el P. Gabriel, un Jeremy Irons estelar, quien le descubra un Dios misericordioso, precisamente en momentos litúrgicos de una belleza sorprendente en esa zona selvática que todavía hoy podemos visitar y sentir el estremecimiento que produce «hacer memoria» de unos hombres que lo dieron todo por los demás... sin perder jamás sus intenciones evangelizadoras.

A ello ayuda, y mucho, un guión perfecto de Robert Bolt, una fotografía de suaves tránsitos, desde un cromatismo en interiores litúrgicos hasta un color disparatado en unos exteriores salvajes, solamente tocados por la mano de Dios. Añadamos la música archiconocida del maestro italiano Ennio Morricone, y unas interpretaciones susceptibles de una dirección estricta pero sin atosigar a los intérpretes.

La Misión es, puede decirse, la cara opuesta de *Viridiana*: el amor compasivo y misericordioso, que se traduce en justicia, lo inunda todo, suscita esperanza, pero al final es un amor pascual, de Muerte a las propias culturas para Resucitar a lo que necesitan los demás. Y paradójicamente, tal Resurrección engendra, como tantas veces nos sucede, otra Muerte, pero esta ya infiltrada de esperanza resucitada. Todo este espléndido desarrollo audiovisual convierte a *La Misión*, en una de las mejores películas evangelizadoras para cualquier auditorio. Además de una experiencia de grave espiritualidad para cualquier evangelizador. Ese joven nativo, sobre las aguas del río Iguazú, mientras toca una flauta, herencia de los misioneros, queda en nuestra retina como signo de que hacer lo que Dios nos pide siempre fructifica. Algo que, en unos tiempos convulsos como los nuestros, se hace necesario creer a pie juntillas.

c. *La Pasión*, de Mel Gibson (2004): el coste de la Salvación

La Pasión aparece en la historia del cine como un producto atípico que lógicamente suscita una polémica persistente. Para unos, se trata de un paso adelante valiente

41

y clarificador en la forma de narrar los sucesos, tan dramáticos, de la Pasión y Muerte de Jesucristo, dejando abierta la puerta a su Resurrección, que el mismo autor nos narrará en su próximo film. Para otros, es una acumulación de imágenes y sonidos exacerbados, mediante los que se pretende contagiar el dolor del protagonista sin conseguir más que un rechazo frontal por exagerado. Seguramente, estamos ante un producto audiovisual respetable porque consigue trasladarnos, es cierto que con cierta exageración visual, al coste redentor de nuestro Salvador, siguiendo escrupulosamente la narración evangélica. A efectos pedagógicos, *La Pasión* exige una presentación adecuada para cada público, de forma que se visione objetivamente. Hay que acertar.

Mel Gibson, actor relevante, ha dicho que ha intentado realizar una película extrema para que se viera la enormidad del sacrificio de Jesucristo. A tal efecto, contó para el guión con la estrecha colaboración de Benedict Fitzgerald, y ambos decidieron utilizar el arameo, el latín y el hebreo para comunicar mayor adherencia al momento histórico: si el film se contempla sin doblaje, el espectador puede perderse un tanto, y si se dobla, entonces la confusión casi es inevitable, pero es tal la fuerza de las imágenes que este detalle lingüístico apenas interviene en la experiencia. Además, los tres personajes claves del film obtienen interpretaciones relevantes, cada uno en su estilo peculiar: Jim Caviezal como Jesucristo, Maia Morgenstern en el papel de María Madre, y Mónica Bellucci logrando una Magdalena bella pero a la vez obsesionada con el dolor de su referente afectivo. La música elegida es propia de la época y clásica, y solamente después se grabó una banda musical con autores contemporáneos. Pero hay dos detalles relativos a los «instrumentos lingüísticos» de alto voltaje: una Fotografía hiperrealista de Caleb Deschanel, de todo punto impactante, y un Montaje puntilloso pero de gran eficacia narrativa, de John Wright. Sin todos estos elementos instrumentales, el evidente «mensaje» se diluiría en una hagiografía llamada a fatigar al espectador, que todavía así, tal vez sufra la duración del film.

Repetimos que una cuestión capital en el Cristianismo, como es la Pasión y Muerte de Jesucristo, encuentra en el film de Gibson un referente de valor indudable, otra cosa es si la mentalidad actual se posiciona en tantas ocasiones de forma negativa ante la percepción redentorista del film, en lugar de insistir en el hecho de la Salvación. En este caso, sobre todo en este caso, es necesaria una presentación propedéutica de la película para evitar visionarla solamente desde una dramatización pasajera y no como lo que realmente pretende, que es un testimonio audiovisual de unos acontecimientos que cambiaron el itinerario de la Humanidad, sobre todo porque desembocaron en la Resurrección. Puede que una catalogación teológica del film como «una historia pascual», sea la mejor para hacerla accesible en la actualidad.

Una película oportuna, en fin, para aproximarnos a la «humanidad de Jesucristo», a la que tantas veces tenemos una cierta reticencia pero que forma parte sustancial de su personalidad y nos permite aproximarnos todavía más al misterio de su Muerte y consiguiente Resurrección... con las salvedades comentadas. Esperamos de qué forma Gibson llevará a cabo su versión cinematográfica de Jesucristo Resucitado, tarea casi nunca abordada en el universo audiovisual. Y que está por estrenar.

d. *El festín de Babette*, de Gabriel Axel (1987): la fe como servicio y alegría

La película preferida del papa Francisco, y es de alabar su buen gusto fílmico, es una película danesa de gran éxito desde que se estrenó en 1987: *El festín de Babette*, de Gabriel Axel, sobre un relato de la escritora también danesa Isak Dinesen (Karen Blixen), autora también de *Memorias de África*, excelente exposición audiovisual del amor como gran pasión humana. Oscar a la mejor película de habla no inglesa y Premio del Jurado Ecuménico, nos traslada a una de las características del auténtico cristianismo, la alegría de vivir como trasunto de una fe madura, que goza de los bienes de Dios en lugar de repudiarlos. Solamente por esta razón, este maravilloso film merecería ser citado en cualquier enumeración de las películas de mayor hondura religiosa, cristiana y católica. Pero hay muchas cosas más.

La historia es fascinante. Una antigua cocinera de la alta gastronomía parisina, huida de la Revolución Francesa, recala en un pueblecito de Jutlandia, donde es acogida por las hijas de un pastor luterano de corte radical en su desprecio de todo lo mundano y sobre todo del placer posible en nuestra vida. Resulta que sus discípulos forman una especie de célula religiosa dominada por el pesimismo y la desconfianza, que se organiza en casa de las dos hijas del pastor, Martina y Filippa, no tan radicales como las demás. Entonces, Babette recibe una herencia francesa, y con ese dinero, como signo de gratitud a sus protectoras, invita al grupo entero a una cena según el mismo menú que ofreciera en París. La cena es una explosión de comida suculenta y de llamativas bebidas, destacando unas «codornices al sarcófago», después puestas de moda en los grandes locales culinarios del mundo. Y el resultado es una maravilla cristiana y católica: el grupo entero se abre a experiencias humanas hasta aquel momento deleznables, comienzan las miradas cómplices entre todos ellos y ellas, Babette prepara el festín como algo personal y deseado, porque, en definitiva, esta maravillosa cocinera trabaja desde una experiencia religiosa acogida en el catolicismo popular francés, tan alejado del desprecio del luteranismo radical vivido en el grupo comensal. Pero el resultado es digno de analizar desde una perspectiva creyente ecuménica.

A medida que avanza el festín, cada miembro del grupo, sobre todo un maravilloso general al uso, comentan con delectación los sabores tanto de los manjares como de los vinos y licores, superando las distancias anteriores, abrazándose y brindando los unos por los otros, en un cambio sustancial de su actitud anterior. Es la comida y la bebida, cosas tan naturales como dones de Dios, las que producen tal modificación sensorial de esas trabas que impedían gozar de la vida precisamente en nombre de un Dios en absoluto paternal con sus criaturas humanas. En el festín y por obra del festín, aparece el rastro del Buen Dios católico que consigue relativizar esa otra imagen tan poco grata de un determinado mundo luterano, y que, al final de las celebraciones, ya en la calle, frente a la casa de Martina y Filippa, les hace danzar en corro, como ya dijimos, mientras entonan salmos de esperanza y alegría, mientras ríen y disfrutan de la recuperada fraternidad gozosa. Babette queda escondida, pero ha sido *El festín de Babette*, la caritativa cocinera francesa, la que ha producido esta auténtica conversión del corazón mediante los más refinados manjares y vinos de la gastronomía de lujo.

Estamos ante un film que, lógicamente, el papa Francisco define como auténticamente cristiano, porque lo es. Y en una sociedad tan frívola como la nuestra y tan entregada al goce sensorial sin límites, puede servir como pendiente oportuna para recuperar el sentido fraternal de los encuentros gastronómicos, y sobre todo, como iniciación a una recta comprensión del goce que producen los dones de Dios… cuando media alguien capaz de ofrecerlos desde el amor regalado por ese mismo Dios. Es un film para disfrutar mientras entramos a formar parte de ese círculo creyente y satisfecho que visionamos al final, trasunto del Reino de Dios. Una ocasión privilegiada para comunicar el auténtico sentido de la creación y de la posibilidad de un ecumenismo entrañado en el misterio cristiano. Y todo ello, de la mano de una interpretación privilegiada de esa gran dama del cine francés y de la Comedia Francesa, como es Stephane Audran, una Babette inolvidable. Decían en su momento *Le Monde*: «ponga una Babette en su vida». Completamente de acuerdo.

e. *Pena de muerte*, de Tim Robbins (1995): el acompañamiento personal como presencia de Dios Misericordia

A raíz de una noticia literaria en USA, el siempre comprometido Tim Robbins, se lanzó a una aventura extraña en el mundo fílmico norteamericano: contarnos la historia de una monja. Esa Hna. Elen, admirablemente interpretada por Susan Sarandon, quien enterada de la próxima ejecución de un condenado a muerte, decide acompañarle durante el tiempo que pase en el «corredor de la muerte», hasta su ejecución. Mientras, a su vez, entra en conflicto con los familiares de la niña asesinada y los defensores de la pena de muerte. Pocas veces el cine ha elaborado una narración tan valiente y tan desgarradora en torno a una figura religiosa como en este caso, que contó además con la interpretación de alto nivel del condenado a muerte, un Sean Pean que comunica a Mathew una conjunción de desesperanza inicial y, tras los largos ratos de conversación con Helen, de serenidad conclusiva. Todo este universo temático discurre sobre una narración sencilla y discreta, que huye de todo sensacionalismo e insiste en el conflicto interior del condenado y en las pasiones suscitadas en su contexto social, en pro o más bien en contra de la pena de muerte. Y en el epicentro de esta historia en absoluto al gusto de todos, la personalidad de la Hna. Helen, que lleva el espíritu de la Vida Religiosa hasta un vértice que produce admiración, ejemplaridad y hasta interrogantes vocacionales, como ha sucedido.

Helen opta por estar al lado de Mathew sencillamente porque es una militante contra la pena de muerte, dentro de sus posibilidades, pero tan militancia se debe a una profunda convicción tanto ética como religiosa/cristiana que pone en evidencia la barbaridad que conlleva eliminar a un ser humano para vengar otra muerte, por terrible que el crimen haya sido y por la presión ambiental: en USA, alrededor del 60% de la población, en el momento de estrenarse la película, estaba a favor de la pena de muerte, lo que hacía este film descaradamente contracultural y alternativo. Advertimos que el guión de Robbins se inspira en la autobiografía de Helen Prejean, religiosa norteamericana que transmitió esta experiencia fundamental en su vida. Todo ello, confiere al film una autenticidad casi neorrealista y la importancia que, cualquier persona, no importa su condición, pueda tener al formar parte del debate civil (y religioso), sobre todo si su propia vocación se basa en la relevancia de la misericordia, pero en la medida en que tal vocación transmite un Dios paternal y Maternal que nunca abandona a sus hijos en el Hijo.

Porque la Hna. Helen no atosiga al condenado con párrafos cansinos de tipo doctrinal o apologético: esta mujer/Susan Sarandon, insistimos de nuevo, se limita a «estar con» y «acoger a», ayuda a asumir su delito y pecado a la vez que consigue que el condenado acepte un margen de serenidad y de esperanza. Y en este sentido toda la película es un auténtico acto de evangelización... y, como se comprueba, de vinculación al misterio de Dios de la Hna. Helen. Una mujer que acepta la colaboración de una compañera de comunidad y las medidas que toma un buen abogado en el intento de evitar que la pena de muerte se consuma. Estamos ante una «misericordia samaritana» y no meramente emocional. Helen se baja de su caballo para ponerse «a pié de otro», sin rasgo alguno de superioridad. Y cuando es necesario, se enfrenta con quien sea para demostrar que matar siempre es un grave error ético y religioso.

Para educar en una fe activa, en una misericordia militante, en un «saber estar» junto al otro dando prioridad a la persona y no a conceptos abrumadores, a ser capaces de cuidar sin ocultar las responsabilidades, a una vivencia profunda de la maternidad religiosa sin detalles inútiles, y en fin, a ser capaces de perdonar tras haberse perdonado, y tantas cosas más, este film es una maravilla, sencilla y respetuosa, y todo agente de pastoral haría bien en echar mano de él sin importar edades ni procedencias. Con películas como ésta, el cine se erige, una vez más, como «instrumento evangelizador» excelente, que no usamos en la medida que podríamos. Vale la pena pensarlo.

f. *Llegaron de noche*, de Imanol Uribe (2022): cuando la fe exige la propia vida

Llegaron de noche es uno de los últimos discursos cinematográficos que también nos llevan hasta el núcleo de nuestra fe, como es dar la vida por aquellos a quienes se sirve en nombre de Jesucristo. Pero no es una historia más. Se trata de una historia narrada desde los ojos, desde la mirada, de una joven mujer salvadoreña, que, sin esperarlo, es testigo de la matanza de cinco jesuitas y dos empleadas del hogar en 1989, en plena guerra civil de El Salvador. Se trata de una historia narrada por una «hija del Pueblo de Dios», que carga sobre sus hombros, junto a su marido e hijo, la verdad sobre ese crimen que conmocionó al mundo y que aceleró la paz civil en el pueblo salvadoreños, tras casi 20 años de conflicto.

Imanol Uribe, nacido en El Salvador pero criado en España, es el realizador de este film, con guión de Manuel Cebrián, y cuatro interpretaciones fundamentales para que la historia se desarrolle de forma eficaz. En el papel de Lucía, la testigo, Juana Acosta borda la terrible sensación de una persona que se ve presionada desde todos los puntos de vista, pero en momento alguno traiciona su verdad. Solamente al final, mientras ella y su familia huyen a Norteamericana, donde permanecen absolutamente ocultas, asistimos a visionar la ejecución de los mártires jesuitas y laicas en el césped de la Universidad donde vivían. Se trata de un crimen cruel, por «obediencia debida» en los soldados y por odio radical en los «autores intelectuales» del mismo. Uno a uno, una a una, van cayendo con absoluta impunidad, como resultado de un posicionamiento a favor de los pobres y vulnerados en esa contienda desproporcionada donde las haya. Y solamente años después, un juzgado español, ha condenado a esos autores intelectuales y grandes mandos del ejército, que habían sido amnistiados en sucesivos juicios trucados desde los vértices.

Un film, como ya escribíamos, original porque esta terrible historia no la cuentan los amigos jesuitas de los muertos, la cuenta la mirada testimonial de una hija del pueblo, que también es una «hija del Pueblo de Dios». Por su medio es todo el pueblo salvadoreño el que protagoniza el relato, y la historia de fe y eclesial narrada, se hace una sola cosa merced a una mujer sencilla, nada protagonística, que jamás abdicó de su verdad, es decir, de su testimonio de creyente, porque amaba a los asesinados pues había sido testigo de su cercanía y de su apoyo moral y familiar. Un film que nos aboca a una visión del misterio de Dios desde otra óptica. La más elemental.

g. *Ida*, de Pawel Pawlikowsky (2013): contrastar la fe carismática con la vida real

Una de las películas de corte cristiano más potentes, merecedora de casi todos los grandes premios internacionales, y que aborda una temática más atractiva de las muchas posibles, es un relato audiovisual de Pawl Pawlowky, titulado *Ida*, nombre de la protagonista (Polonia, 2013). En este caso, no se trata de una hagiografía al uso, para nada, porque estamos ante una historia de gran originalidad en torno a un proceso vocacional que adquiere consistencia en la medida en que pasa por las tentaciones de la mundanidad, especialmente afectiva y hasta sexual. Todo ello narrado con una precisión lingüística en blanco y negro, sin esconder cualquier atisbo de inquietante tentación en la experiencia de la novicia Anna, más tarde Ida, toda vez que recupere su identidad judía. De esta manera, la película se abre a un horizonte mucho más amplio, y el caso individual acaba por integrarse en un contexto vinculado al Holocausto. Ahora bien, ambas dimensiones aparecen perfectamente unidas en una especie de «viaje iniciático» de pocos días pero de gran intensidad.

Anna es una joven a punto de profesar tras su tiempo de Noviciado, en un monasterio perdido en territorio polaco tras la Segunda Guerra Mundial. Paisaje en claroscuro. Vida tranquila comunitaria. Y de pronto, la Superiora llama a la joven Anna para decirle que existe una tía carnal, de nombre Wanda, y que parece oportuno marchar a conocerla antes de la decisión definitiva. La novicia pone dificultades, pero la Superiora insiste en un gesto de sutil prudencia evangélica: es bueno que la joven Anna ponga un pié en ese «mundo» alternativo a la paz monástica. Será positivo que Anna compruebe cómo posiciona su joven vida al contacto con la posible «tentación». Lo que está en juego, sin pronunciarse jamás, es la solidez de la relación con Dios de esta mujer acostumbrada a vivir al margen de las eventualidades de la vida civil. Y la joven novicia parte en busca de su misteriosa tía. Sin darse cuenta, es la verdad, de las intenciones subterráneas de quien la envía, sin más.

Con su maleta y su hábito, Anna alcanza el domicilio de su tía Wanda, una mujer desgarrada, fumadora empedernida y alcohólica, antigua militante del Ejército Rojo, que desprecia las convicciones de su sobrina. Y antes de emprender el viaje hacia el lugar en que están enterrados sus padres, tras ser asesinados por odio a los judíos, Wanda le desvela a Anna que su apellido es Lebenstein y su nombre es Ida, la única que sobrevivió al Holocausto en la familia. La novicia queda sorprendida, pero apenas le notamos su shock interior, tal es su capacidad para vivir interiormente cuanto le sucede: ha aprendido en el monasterio a no manifestar sus emociones. Al llegar al cementerio en que reposan sus padres, descubre a quien les asesinó, pero no reacciona agresivamente: el tiempo borra las huellas del mal. En el camino, conoce a un joven músico, que le atrae poderosamente, y surge en Ida/Anna el deseo de conocerlo y de estar con él.

Antes de retornar al monasterio, la joven novicia, en ese «tiempo experimental», pasa una noche con Lis, el músico, tienen relaciones físicas con gran intensidad, pero por la mañana, ella se levanta, no despierta al músico, se viste y el próximo plano muestra, en plano general, el camino de retorno al monasterio y a nuestra protagonista caminando hacia sus puertas. Marchó y volvió. Ha vuelto después de experimentar las pasiones mundanas de todo tipo, desde el horror de la muerte al goce del amor, tan breve y tan intenso. Su relación con Dios, que se consumará en los Votos religiosos, se ha mantenido, sin alharacas, sin traumatismos exagerados, sin dudas llamativas, solamente percibida esa relación en gestos, miradas, decisiones, en todo lo cual la joven novicia demuestra una llamativa madurez. Su retorno es fruto de saber exactamente a lo que renuncia al profesar pobreza, castidad y obediencia.

En unos momentos de ausencia de Dios, son de una fuerza casi imperceptible en la vida corriente casos como el de Anna/Ida, pero es cierto que los hay. Y, en definitiva, lo que comunican es algo absolutamente clásico en el cristianismo: que Dios es más poderoso que los hombres cuando llama y cuando exige renunciar al «mundo». Pero de la misma forma, ese Dios procura, si sus intermediarios actúan bien, la experiencia alternativa de la mundanidad, de la pertenencia, y en definitiva de colocar los propios sueños bajo las alas del Buen Dios. Si todo este fascinante relato de Pawlikowski, con una excelente fotografía de Lucas Zal, dominante el claroscuro, es además una obra de muy alto valor audiovisual, entonces nos encontramos, una vez más, que la plenitud lingüística permite la correspondiente plenitud temática. La comunicación del mensaje es, sobre todo, fílmica. Un derroche de sabiduría y de profunda teología cristiana.

h. *Diario de un cura rural*, de Robert Bresson (1951): la crisis de fe en un sacerdote secular

En opinión de muchos críticos fílmicos, creyentes y agnósticos, *Diario de un cura rural*, realizada por el maestro Robert Bresson en 1951, León de Oro en Venecia el mismo año de su estreno, es una de las películas más profundamente religiosas y cristianas hasta ahora. Su protagonista, ese sacerdote humanamente mediocre pero obsesionado con su propia historia de santidad, encarnado por un excepcional Claude Laydu, es uno de esos personajes absolutamente atípicos, por su capacidad para transparentar el misterio de Dios a pesar de su propia debilidad. Con una austeridad radical y una planificación milimétrica, *Diario de un cura rural* aparece como un film desconcertante en la historia del cine porque todo cuanto narra se hace creíble y comunica una trascendencia religiosa que nos pone en contacto con el Buen Dios al que siempre se remite nuestro clérigo rural.

El film está construido sobre una novela fascinante de Georges Bernanos, de título homónimo, en 1935-36, y Bresson la sigue casi al pie de la letra, pero además es capaz de comunicarnos la interioridad de ese grupo humano en torno al personaje del sacerdote, una sociedad en claroscuro, de enorme ambigüedad, ante la que el espectador queda perplejo e interrogado: también nosotros nos preguntamos, tanto en la novela de Bernanos como en la película de Bresson, por qué oscura razón la vida de este hombre, bueno pero obcecado, adquiere un tono tan dramático y negativo sin merecerlo, por lo menos humanamente y espiritualmente también. La respuesta nos la proporcionan sus ambiciones pastorales, sin contención alguna, que le llevan a enfrentar situaciones a las que es incapaz de responder con un mínimo de capacidad. Quiere enderezar las vidas equivocadas de sus feligreses, especialmente de esa familia aristocrática que domina el pueblo de Ambricourt, y solamente consigue desprestigiar y contemplar su iglesia vacía. Al final, sobrepasado y enfermo de un cáncer intestinal, acabará pronunciando la célebre frase que resume el conjunto del film: «Todo es gracia». Algo que él mismo no ha sabido comprender en su vida, atormentada y oscura. Pero que nos transmite de forma radicalmente creyente, una fe en ese Dios que sobrevuela nuestras vidas sin ser capaces de comprender su misteriosa presencia. Pura y dura teología fundamental.

Pero en esta narración de permanentes desencuentros, también aparece la contrapartida a la gracia divina: sus personajes complementarios son la encarnación del mal en cuanto mal, porque, hipócritas y mendaces, son víctimas de un egoísmo tan atroz que acaba por destrozar a ese sacerdote sencillamente bueno y fiel. Es el mal contra el bien en estado puro, y cuando nuestro cura rural se atreve a comentarle su situación a su compañero en el ministerio, el párroco de Torcy, un hombre ya mayor y experimentado en el trato con los demás, resulta que le comunica la causa de todos sus males: sus limitaciones personales, su ingenua credulidad ante el pecado humano, su exagerado deseo de intervenir en las vidas ajenas, y en fin, meterse en zonas que le están vedadas al ministerio sacerdotal. En definitiva, le acusa de no desarrollar bien lo que él tiene como principio: que el sacerdote debe siempre salir al encuentro del mal, aunque le supere. Lógicamente, este personaje antológico, creado por Bernanos, acabará por comprender que, dado su fracaso, «todo es gracia». Una comprensión conclusiva… que llegará muy tarde, pero que nos resulta aleccionadora.

La secuencia final es antológica: desarmado y queriendo ayudarle, se aproxima a un antiguo condiscípulo en el Seminario, que se ha secularizado y vive con una mujer. Al contacto con esta pareja, que rompe todos sus moldes, y ante la que solamente acierta a preguntarse por su renuncia a los afectos y relaciones sexuales, se afianza en su vocación porque siente que su vida solamente tiene sentido en la ejecución de su ministerio de amor entregado y de sufrimiento inabarcable. Asistirá a su compañero moribundo, en un gesto que tanto el autor literario como el realizador fílmico, Bernanos y Bresson, nos comunican que la misión controvertida del protagonista es eficaz precisamente al asistir a un compañero que abandonó su vocación por algo de amor humano. Nuestro cura rural no los juzga, incluso siente cierta admiración y envidia, pero su relación con quien le llamó al sacerdocio es más potente que toda adversidad.

«Dios se ha alejado de mí, de esto estoy seguro», dirá este espíritu melancólico y agrietado, y sin embargo, en opinión de muchos, ese Dios, como ya hemos escrito, jamás le ha abandonado porque siempre «su gracia» ha sostenido sus pasos, tal vez poco acertados pero siempre movidos por «el ardor de su nombre». Un film de tanta intensidad religiosa y cristiana que se hace muy difícil dejar de memorizarlo, sobre todo si uno se identifica con el protagonista. Ese «cura de Ambricourt» que va de un sitio a otro en su bicicleta, deseoso de conseguir lo que le está vedado. El misterio de la fe. El misterio de nuestra desastrosa ambición ministerial. Es decir, el drama de la humildad en una sociedad en pecado. Que llama siempre a nuestra puerta.

i. *De dioses y de hombres*, de Xavier Beauvais (2010): carisma monástico y martirio

En ocasiones, la vida monástica merece nuestras invectivas al suponerla «pasiva», lejana a la realidad, perdida en un paraíso de ilusiones espirituales. Pero sabemos que no es así. *De dioses y de hombres*, el film realizado por Xavier Beauvais en 2010, nos demuestra todo lo contrario y abunda en un elogio indirecto de este tipo de vida, dominado por la caridad fraterna y una relación con Dios basada, en gran parte, en una experiencia litúrgica de enorme profundidad.

La narración del martirio de un grupo de monjes cistercienses en las montañas del Magreb a costa de la guerra civil que asoló Argelia desde 1991 a 2002, deviene en un mural perfecto para adentrarnos en la razón de ser de una vida monacal que, además de ser contemplativa, conlleva un servicio a quienes viven con los monjes, ese pueblo mínimo de musulmanes a los que Michael Longdale, como el monje anciano y experto en medicina, atiende. Desde un respeto radical, de forma que nos dan un ejemplo soberbio de ecumenismo práctico. Esos momentos en que el monje está junto a los enfermos, todo sencillo y cercano, puro amor de Dios, son de una profundidad insospechada pero evidente. En ese monje parecen mostrarse todos los sentimientos de amor cristiano, capaces de justificar el sentido de las religiones y en nuestro caso, del cristianismo.

La comunidad de monjes vive unida, sin esconder sus discrepancias, sobre todo, llegado el momento de posicionarse ante la amenaza de un grupo de guerrilleros: unos desean permanecer mientras otros no aceptan una muerte inútil. Entre ellos, el Superior, un magnífico Lambert Wilson, escucha todas las opiniones, acepta que algunos marchen, pero deja entrever que su posición es «estar junto al pueblo». Llega el momento de la matanza, no sin antes contemplar una eucaristía litúrgicamente perfecta, realizada con verdadero espíritu creyente, y fuente definitiva del discernimiento de los protagonistas. La caza del hombre es cruel, pero dos jóvenes enamorados, conocidos del monje enfermero, se mantienen firmes en su amor como signo de que el amor samaritano desarrollado por los contemplativos produce frutos de fraternidad sólida y perdurable. Oración y acción conforman la vida de esta comunidad que, humana como es, se arriesga, teme y al final pone en común sus diferentes opciones.

El núcleo de su fraternidad, de su contemplación y de su acción servicial, es una fe absoluta en el sentido de que Dios está en el centro de sus vidas, y por esta razón, la alabanza eucarística y el canto gregoriano tan limpiamente emitido, adquieren un grave sentido de compromiso histórico que, en varios casos, lleva «hasta la muerte y muerte de cruz». La vida contemplativa activa el compromiso con los más pobres y vulnerables. Por ahí, se mueve Dios, manifestado en la persona de Jesucristo, Hermano entre los hermanos.

De dioses y de hombres ha merecido estas palabras de Luis Bonet en *La Vanguardia*: «Beauvois cuenta admirablemente... no hace trampas en esta fábula moral, no fuerza el sentimentalismo... y sales conmovido con la historia de estos religiosos. Palabra de agnóstico». Es cierto, el lenguaje es austero, el cromatismo discreto, los diálogos necesarios, pero jamás exagerados, y, en fin, el film consigue ver, más allá de discursos conceptuales a ultranza que solamente alimentan nuestra ambición intelectual ante un Dios que, en su misterio, llama a una fe sencilla pero profunda. Estos monjes cistercienses, en definitiva, son auténticos creyentes cristianos.

j. *Silencio*, de Martin Scorsese (2016): los riesgos de la fe en la fraternidad

Ya hemos escrito de Martin Scorsese en su momento, como uno de los directores más relevantes del cine mundial, y con un marchamo de preocupación cristiana en casi todos sus films. Pero se hace necesario, a la hora de destacar estas 15 películas especialmente referenciales de nuestro trabajo, recalar en una de sus obras más ambiciosas: *Silencio*, realizada en 2016, tras años de preparación y dificultades económicas. Desde nuestro punto de vista, estamos ante una «indagación sobre la fe cristiana y los interrogantes que produce», precisamente cuando lo que está en juego es la propia vida, pero también las de los demás. Una contradicción que vertebra todo el film y que lo sitúa en el epicentro de muchas situaciones pastorales y teológicas. Cómo reaccionar en ese complejísimo juego entre la libertad, la fraternidad y la gracia de la fe.

Ninguna otra película, que sepamos, ha llegado a un planteamiento tan valiente y arriesgado como esta del maestro Scorsese, sobre una novela del japonés Shüsako Endo, publicada en 1966, y cuya lectura, desde entonces, persiguió al director de

Taxi driver (1976), hasta convertirla en un reto personal. Un reto explícitamente cristiano, con el que Scorsese ha pretendido culminar un proyecto cinematográfico que nunca abandonó: los encuentros y desencuentros entre la gracia, el pecado, la culpa y la redención. Un clásico viviente.

Dos jóvenes sacerdotes jesuitas, en pleno siglo XVII, marchan al Japón para cerciorarse de que su maestro, Cristoväo Ferreira, un atormentado Liam Neeson, se mantiene fiel a su fe o, como se dice, ha renunciado a ella al no resistir las torturas recibidas en unos momentos de persecución anticatólica en Japón. Su provincial les da permiso (un detalle discutible) y marchan, en compañía de un criado japonés, hacia el encuentro con Ferreira. La comunidad cristiana/católica japonesa sufre un embate radical y se ve obligada a resistir en lugares estratégicos, lejos de las ciudades, para no ser eliminada. Sebastião Rodrigues (un excelente Andrew Garfield) y Francisco Garupe, ambos italianos, (no menos sugerente Adam Driver) conectan con esos grupos y preguntan por la razón de su indagación: concluyen que Ferreira ha renunciado a su fe y se ha integrado en la estructura religiosa nipona. Será el mismo Ferreira quien le dirá a Rodrigues: «Tras quince años en el país, y un año en un templo, he llegado a la conclusión de que el cristianismo ya es inútil en Japón». Estas palabras y la certeza de que el maestro admirado ha renunciado a su fe hacen que en Rodrigues surja la duda sobre su vocación, duda que aumenta cuando contempla él mismo el martirio de su compañero Francisco Garupe, al intentar salvar a unos creyentes, que también acaban masacrados. El segurísimo Rodrigues llegado a Japón se convierte en un creyente dubitativo y, lógicamente, propenso a interpretar la situación personal que atraviesa de forma ambigua.

Porque la pregunta que se hace, casi al pie de la letra, es muy sencilla: ¿es egocéntrico y egoísta negarse a renunciar a la fe cuando hacerlo determinará el sufrimiento de los demás? Tal interrogante se lo formula el dubitante Rodrigues precisamente cuando el mandamás japonés le da a entender que si él pisa un «fumie» (imagen del crucificado o de María de muy pequeño tamaño) una serie de creyentes de la comunidad nipona escaparán a la tortura y a la muerte. Este es el tramposo dilema ante el que se encuentra Rodrigues... pero, es evidente, además, que condicionado por el pánico a su propia tortura u muerte. No es posible acercarse a *Silencio* sin plantearse todas estas cuestiones que van más allá de una simple renuncia a la fe: lo que, además, está en juego es la vida ajena, y, por lo tanto, una cierta continuidad de la comunidad cristiana. Y Rodrigues pisa la imagen, en una apostasía ambivalente. No en vano, en el momento de su entierro, asumido por la sociedad japonesa, casado y con un hijo, su esposa le coloca en una mano, escondido, un crucifijo que Rodrigues jamás ha abandonado misteriosamente.

Y entonces, nos preguntamos si este hombre apostató de verdad o sencillamente quiso evitar la muerte de los demás, pero, en secreto, seguramente también por miedo, permaneció fiel a su fe cristiana. Scorsese, autor del guión junto con Jay Coks, ha querido indicar al espectador este detalle, fundamental para alcanzar una comprensión del film casi perfecta.

De esta manera, *Silencio* aparece como una cierta protesta del novelista y también del director fílmico ante un Dios Silencioso que parece permanecer alejado del sufrimiento humano precisamente cuando lo que está en juego es la propia vida o la apostasía. Ese es el último dardo que ya, en parte, aparecía en *La última tentación de Cristo* (1988), otro film que roza el límite doctrinal, pero que se resuelve a favor de la coherencia del protagonista. Y es que la duda, diría Scorsese, le ha acompañado desde su infancia religiosa, en una familia estricta, que le comunicó la fe cristiana y católica, pero de una manera un tanto exagerada. Tal exageración caló en el joven Martin y acabó en su trayectoria cinematográfica, siempre cercana a esa línea roja, más allá de la que el ser humano niega el Amor de Dios y se entrega a una apostasía teórica o práctica.

Tal es la grandeza de este film, que fue estrenado en el Pontificio Oriental de Roma, y al día siguiente en el mismo Vaticano. Recibiendo pocos premios internacionales, pero que un pedagogo de la fe haría bien en recuperar, sobre todo para auditorios con cierta formación culturalmente preparados. En todo caso, para la propia experiencia de la fe, tantas veces bloqueada por la sociedad en que tal pedagogo se mueve. No hay que dejar escapar documentos de esta naturaleza cuando aparecen tan pocos en el universo cinematográfico de tal alto valor audiovisual, moral y evidentemente pastoral y teológico.

k. *El gran silencio*, de Philip Gröning (2005): la afirmación radical de la fe cristiana en un monasterio

Cerramos este elenco de películas privilegiadas desde el punto de vista cristiano, con un documental que significa el «top» en este universo tan poco frecuentado. No es una película al uso, tampoco echa mano de un guión dramático potente, solamente aparecen unas pocas palabras al final: son la imagen y la música las que acompañan al metraje de 161 minutos. Estamos ante *El gran silencio*, un largo empeño del alemán Philip Gröning, quien desde 1981, dedicó sus ilusiones a mostrar la vida de algunos monjes cartujos en algún monasterio de la Orden. En repetidas ocasiones, solicitó el permiso de las autoridades cartujanas y solamente lo consiguió 16 años después, cuando se puso manos a la obra. El resultado es una obra audiovisual inusual, pero seguramente la que más ha tocado el misterio cristiano de Dios en cuanto Dios de forma testimonial, más allá de planteamientos bien pietistas bien temáticamente inasequibles para muchos.

Solamente necesitamos paciencia radical y entrega a lo desconocido para conseguir penetrar en estas imágenes fascinantes desde ese «gran silencio» de unas vidas marcadas por la lejanía del mundo contextual y la aproximación a la trascendencia fraternal... con naturalidad, sin aspaviento alguno, como si vivir así fuera lo más normal del mundo. Gröning pudo absorber todo esto en los cuatro meses en que compartió absolutamente los días con esos cartujos admirables.

Estos hombres vocacionados desde una fe consistente por consciente y profunda, viven en una férrea distribución cotidiana, en que todo está perfectamente predeterminado: en cada momento, una cosa concreta. Cada uno tiene su tarea, y nunca se sale de ella. En ocasiones oran en sus celdas, amplias para no atosigar y orar con facilidad. Rezan juntos, cantan juntos un gregoriano entrañable, y celebran la Eucaristía con una devoción que sobrecoge. Discurren por los pasillos y jardín en un silencio contemplativo absoluto, y solamente hablan en ratos determinados. En ocasiones, salen del monasterio en grupo, charlan entre sí, pero, sobre todo, nos llama la atención sus risas, su forma casi infantil de distraerse, deslizándose sobre la nieve circundante. Pocas veces la pantalla me ha comunicado el gozo de vivir solamente para Dios pero desde una fraternidad tan arraigada. El detalle es su grandeza. Las liturgias su médula. Reclinados en su celda, parecen absorber el misterio. Y solamente al final, un viejo monje ciego no conceptualiza esa pérdida porque sencillamente vive en permanente adquisición de la plenitud divina. Todo el documental se concentra en ese hombre que mira, sin mirar, fijamente a la cámara y en ocasiones sonríe con inocencia.

«En el monasterio descubrí otro catolicismo totalmente distinto, el que habla del amor, y del concepto de que el mundo y la vida son un regalo. Fue una experiencia luminosa», ha dicho un realizador fascinado. Este es el mensaje más profundo de su comunicación fílmica: vivir de cara al Dios Cristiano solamente produce felicidad... siempre que uno se aproxime a Él con orden y concierto. Visionar este experimento fílmico produce tal conmoción interior que cualquier persona honesta se sentirá atraída por el paisaje pacífico, trabajado y fraternal de un grupo humano que se ama porque previamente es amado por Dios. Quien, según Juan, es Amor. Por esta razón, hemos cerrado el conjunto de películas excepcionales como «obras de fe» con esta silenciosa historia filmada en la Gran Cartuja de los Alpes.

Es necesario citar que el Festival de Sundance, quizás el más exigente de los grandes, le otorgó el Premio del Jurado, también fue designado Mejor Documental por la Academia del Cine Europeo. Los festivales «llamados importantes» no acabaron de comprender el significado no solo cristiano sino también humano de esta soberbia pieza fílmica. Lástima. Exige, claro está, una presentación adecuada, que permita a un auditorio plural sumergirse, pacientemente, en esta maravilla.

Un apéndice necesario

El Evangelio según San Mateo, de Pier Paolo Passolini (1956): apología minimalista de un Jesús tan humano

El 2 de noviembre de 1975, en el puerto de Ostia y en un vertedero, casi desfigurado al completo, se encontraba el cuerpo asesinado de un hombre controvertido, desconcertante, rebelde con causa, poeta eximio y autor de varias películas que fustigaron a todos los habitantes de una sociedad normativizada y segura de sí misma. Manifestó su ideología más marxista que comunista, pero también su fascinación por la herencia cultural cristiana, y más en concreto, por la persona de Jesús como hijo de María y menos Hijo de Dios. Y en un momento dado, cuando el Vaticano II estaba en plena ebullición y cristianos y comunistas intentaban establecer un diálogo un tanto desesperado, nuestro hombre filmaba un film llamado a conmover no sólo a muchos fieles católicos, porque también a cuentos ríen las ideas, dicen ellos, completamente seguras e inamovibles. Su título, *El Evangelio según San Mateo*. Su autor, Pier Paolo Pasolini, muerto/asesinado todavía en plenitud, pero maltratado por una vida al límite en todos los sentidos.

De este film se hace necesario decir algo muy meditado, precisamente como punto de llegada de estas 15 películas de raíces cristianas. Cuando editamos estas líneas en plena secularización de nuestra sociedad y búsqueda de nuevos caminos eclesiales.

Realizada en 1956, llegó a España solamente en 1964, en plena ebullición del Concilio Vaticano II, y suscitó una polémica más explosiva que profunda. Entonces, nadie podía imaginar que en el cercano 2015, el diario vaticano *L'Osservatore Romano* la declararía la mejor película sobre Jesucristo jamás rodada. Pasolini, en virtud de su herencia cristiana de XX siglos, en palabras suyas, contemplaba la persona y vida de Jesús de Nazaret más como profeta revolucionario y rebelde contracultural que como Mesías/Hijo de Dios. Un Jesús de influencia marxista, pero de valores cristianos, siguiendo casi al pie de la letra el texto de Mateo, elegido por ser el evangelista más concreto, y por lo tanto, el más icónico. De ahí, la elección del protagonista, un español de nombre Enrique Izazoqui, que identificaba perfectamente un Jesús popular pero de una gran belleza icónica. Siempre rodeado de unos discípulos de rostro proletario, que seguían al líder, al cabo convertido en mártir: la película concluye con un muerto que cierra los ojos en una luz y al tercer día resucita. Fidelidad a Mateo, pero una fidelidad más poética que religiosa. Siempre con respeto y nunca como agravio antirreligioso ni anticristiano. Sencillamente, la historia de un joven vinculado a los más vulnerables, siempre contra los dueños de la riqueza, mientras fracturaba todas las reglas de la «buena sociedad», envenenada de avaricia y ambición. Que lo lleva a la cruz.

Está claro que estamos ante una película que no propone, como ya escribimos, a un Jesús que es Jesucristo, pero pocas veces el cine ha conseguido transmitir esa vibración ante la persona de Jesús como hombre del pueblo y para el pueblo, que ha llevado a muchos espectadores a sentirse «tocados» por la gracia de Dios a partir de una historia estrictamente humana, pero que fascina, si se la visiona sin opciones previas de carácter fundamentalista. Es un Jesús atractivo como ser humano, ciertamente insistiendo en determinados rasgos y con olvido de otros más «espirituales», pero dominado por intenciones admirables, si bien tormentosas en su mundo y también en el nuestro. Pasolini consigue una obra profundamente poética, mucho más evangélica que otras más hagiográficas, y que solamente necesita, desde el punto de vista pedagógico/catequético, una seria presentación, ante un público alertado... pero abierto a la humanidad del Señor.

Y con este título antológico —ahora sí—, cerramos la lista de películas directamente cristianas, aunque su autor no lo haya pretendido. Como tantas veces nos sucede en la vida. Todo lo cual nos conduce a la urgencia de una acertada «lectura fílmica audiovisual», según proponíamos al comienzo de este texto. No en vano, la fotografía del film es de uno de los mejores fotógrafos del momento, Tonino delli Colli: las panorámicas sobre el paisaje desolado en el que camina un profeta solitario, son de una belleza exquisita. Una belleza que conduce a la muerte y muerte de cruz.

II. APÉNDICE COMPLEMENTARIO NECESARIO

Si bien a lo largo de las páginas anteriores hemos citado y comentado la mayoría de las películas en las que late el cristianismo de una manera u otra, somos conscientes de que no hemos agotado tal enumeración, y por esta razón, ofrecemos a continuación un elenco de films tanto «de raíces cristianas» como «directamente cristianas», con todos los matices que el mismo lector sabrá descubrir. En cada caso, limitamos a 15 películas, y en cada caso, indicamos someramente el valor cristiano que la protagoniza. Es una manera, además, de poder jugar con más títulos a la hora de seleccionar ciclos a cualquier efecto.

A. Películas de raíz cristiana

1. *Días de cielo*, de Terrence Malick (USA/ 1962): una llamada misteriosa a lo sobrenatural, pero como misterio humano.

2. *Conspiración para matar a un cura*, de A. Holland (USA/1988). Un film hagiográfico pero muy bien insertado en un momento político de persecución religiosa, camino del martirio.

3. *Diálogo de Carmelitas*, de P. Agostini (Francia/1960). Una de las historias fílmicas más «profundamente cristianas», sobre el martirio de una Comunidad Carmelita en plena Revolución Francesa. Tanta atrocidad, discurre con una belleza lingüística admirable. Austera. Blanco y negro. Inquietante.

4. *El tormento y el éxtasis*, de Carol Reed (USA/1965). La pugna entre el genio de un papa y el de un artista, ambos antológicos, cada uno defendiendo su visión de la Capilla Sixtina.

5. *El cardenal*, de Otto Preminger (USA/1963). El recorrido humano y sacerdotal de una persona hasta alcanzar el cardenalato. Con exageraciones narrativas, un excelente guión. Impactante.

6. *La leyenda del Santo Bebedor*, de Ermanno Olmi (Italia/1988). Un film de naturaleza casi mística, que arranca de la miseria hu-

mana para alzarse hasta la plenitud de la fe. Fascinante.

7. *Jesuscristo Superstar*, de Norman Jewinson (USA/1973). El célebre musical pop llevado al cine con fidelidad, insistiendo en la relación afectiva entre Jesús y Magdalena. Diferente.

8. *La ley del silencio*, de Alia Kazan (USA/1954). El compromiso social de un sacerdote, capaz de transformar situaciones injustas desde la fe de un trabajador creyente. Premonitoria.

9. *Jesús de Montreal*, de Denys Arcand (Canadá/1989). Una obra teatral transportada a la vida de una ciudad, según el guión de la Pasión y Muerte de Jesucristo. Inteligente narración, caústica, actual, y de una fe implicada.

10. *El río de la vida*, de Robert Redford (USA/1993). La educación como eje crucial de la vida, en una familia religiosa hasta el tuétano. Con resultados dispares. Lúcida.

11. *Cartas a Dios*, de Erich Schmitt, (USA/2009). Ternura, confianza, sencillez de

una fe radical, ante un inocente con un cáncer terminal. Una auténtica belleza. Casi devota.

12. *Romero*, de Jhn Duigan (USA/México/ 1989). La evolución del obispo mártir, a través del testimonio de otro mártir. Una historia desconcertante. Y que compromete.

13. *Historia de una monja*, de Fred Zinnamann (USA/1959). Análisis de una vocación religiosa afectada por el amor y la fidelidad. Realista en su discreción.

14. *Lutero*, de Eric Till (Alemania/2003). El origen y el desarrollo de una obsesión religiosa, hasta la ruptura con Roma. Fiable e interrogante.

15. *Todo modo*, de Elio Petri (Italia/1976). Centrada sobre la degradación de la política italiana, aparentemente virtuosa, estamos ante un film extensible a casi todas las políticas del momento, en el caso de que se amparen en Dios para justificar su corrupción. Aldo Moro tal vez no merecía este grave juicio fílmico. A recuperar.

B. Películas de valores cristianos (humanismo cristiano)

1. *Carros de fuego*, de Hugh Hudson, (Reino Unido/1981). La fidelidad a los propios valores, hacen de una persona normal un campeón. Late una misteriosa confianza en Dios.

2. *El año que vivimos peligrosamente*, de Peter Weir (Australia/1983). La amistad entre dos periodistas diferentes y enfrentados a un peligro límite, estando en juego la vida solamente de uno de los dos, produce el escalofrío de una amistad «más allá de la muerte», auténtica «caridad».

3. *Gran Torino*, de Clint Eastwood (USA/2008). Puro Eastwood, esta historia de fraternidad y de caridad evidente, se hace además un cántico a la lucha contra la xenofobia. Todo puede cambiar... si se nos toca el corazón.

4. *La vida es bella*, de Roberto Benigni (Italia/1977). Una aproximación al amor paterno de gran belleza y hondura, mientras el mundo parece inundarlo todo de crueldad.

5. *Los chicos del Coro*, de Christophe Barratier (Francia/2004). La fuerza y el amor de un profesor de música y su capacidad para cambiar el estilo educativo en un medio adverso: además, una defensa a ultranza de la música. La banda sonora es una maravilla.

6. *Los puentes de Madison*, de Clint Eastwood (USA/1995). Una de las más bellas y contenidas historias de amor fílmicas, que acaba con un canto inesperado a la fidelidad. El reportero de la camioneta y la mujer del granjero nos seducen y, al final, nos admiran.

7. *Ocho y medio*, de Federico Fellini (Italia/1963). El gran fresco de la frivolidad contemporánea, lleno de nostalgia y de un intento de redención final. A recuperar.

8. *Matar a un ruiseñor*, de Robert Mulligan (USA/1962). Toda la honradez posible en una persona y todas las pasiones populares desatadas, en esta historia ya histórica. Parece un cántico a las Bienaventuranzas.

9. *Bird*, de Clint Eastwood (USA/1988). Casi desconocido, este film de enorme profundidad en la obra de Clint, nos lleva a las líneas rojas de la adicción y la casi locura,

pero todo ello mientras nos apabulla la música de jazz. Diez.

10. *La vida secreta de las palabras*, de Isabel Coixet (España/2005). De la desesperación al encuentro personal, uno de los films ya antológicos del cine español. Entrañable, durísima y siempre esperanzada, nos lleva a la capacidad del amor para alcanzar la felicidad en pareja.

11. *Las campanas de Santa María*, de Leo McCarey (USA/1945). Una de esas historias «bonitas» de los cuarenta, en la que emerge la vocación sacerdotal y religiosa con frescura inimaginable en la actualidad.

12. *Nazarín*, de Luis Buñuel (México/1959). El aragonés nos lleva de la mano hasta una crisis sacerdotal desgarrada y de hondo calado social, que pide una lectura objetiva. Paco Rabal está inmenso. Su rostro es su problema.

13. *El General de la Rovere*, de Roberto Rossellini (Italia/1959). Una apología del pundonor y de la valentía frente a la adversidad, pero con atisbos de dura derrota. Antológica actuación de Vittorio de Sica.

14. *Fortunata y Jacinta*, de Mario Camus (España/1980). Una biopsia de los afectos humanos y religiosos, con todo el peso de la vida provinciana del siglo XIX. Después, se convertirá en serie dirigida también por Camus. Excelente tanto humana como cristianamente.

15. *Teresa de Jesús*, de Josefina Molina (Serie/España/1980). Una visión profunda y emocionante de la persona y de la fe de Teresa de Jesús, primero película y más tarde serie aclamada por crítica y audiencia. Para una catequesis vocacional y más cosas.

C. Películas cristianas bíblicas/clásicas (10 títulos)

A lo largo del texto anterior, hemos citado con énfasis dos películas clásicas de naturaleza bíblica: *El Evangelio según San Mateo*, de Pier Paolo Pasolini, en 1964, y también *La Pasión de Cristo*, de Mel Gibson, en 2005, y, sin embargo, no hemos recalado en una serie de películas no menos clásicas, casi todas, que abordan situaciones bíblicas y en muchos casos se proponen como fundamentales para nuestra temática. La razón es muy sencilla: en general, son materia de exhibición en ciclos, semanas, incluso académicamente, y se conocen, sobre todo, porque llenan las carteleras televisivas durante Semana Santa. Por otra parte, si bien tienen guiones de bastante calidad narrativa, adolecen, en general, de poca profundidad en el análisis de personajes y situaciones. Sin embargo, para ser del todo inclusivos, proponemos diez de ellas, seguramente conocidas perfectamente por nuestros lectores:

1. 1959/USA: *Los diez mandamientos*, de Cecil B. deMille.
2. 1960/USA: *Ben Hur*, de William Wyler.
3. 1961/USA: *Barrabás*, de Richard Fleisher.
4. 1961/USA: *Rey de Reyes*, de Nicholas Ray.
5. 1965/USA: *La historia más grande jamás contada*, de George Stevens.
6. 1995/USA: *María de Nazareth*, de Jean Delannoy.
7. 1973/USA: *Jesucristo Superstar*, de Norman Jewison.
8. 2016/USA: *La Resurrección de Cristo*, de Kevin Reynolds.
9. 1977/Reino Unido: *Jesús de Nazareth*, de Franzo Zefirelli, miniserie televisiva.
10. 1969/Italia: *Los Hechos de los Apóstoles*, Roberto Rossellini, serie televisiva de excelente calidad y hondura religiosa.

D. ACTUALES PELÍCULAS, EVANGÉLICAS Y CATÓLICAS, SOBRE SITUACIONES REALES

Son muchas y fáciles de encontrar, en general de ambición recortada, a manera de renovados «casos de conciencia». Pero de utilidad pedagógica, siempre que se indiquen sus limitaciones moralizantes. Salvo para auditorios muy determinados, mejor siempre los films citados, puede que menos ejemplarizantes, pero mucho más profundos y ciertamente críticos.

III. REFLEXIONES CONCLUSIVAS

1. A pesar de que hemos intentado traer a colación las comunicaciones cinematográficas de talante cristiano, somos conscientes de que muchas otras películas y directores se han quedado fuera de nuestro ensayo. Dejamos al arbitrio de cada lector/a los añadidos pertinentes —según sus conocimientos y gustos— para crear su propio mapa relativo a esta materia. Una tarea probablemente necesaria para ser capaces de transmitir, después, tal mapa lingüístico y temático a los demás.

De vez en cuando, es bueno repasar el propio itinerario fílmico para caer en la cuenta de nuestras personales «pasiones cinematográficas desde la óptica cristiana», siempre de una manera abierta y sin olvidar que el misterio de Dios en Cristo se manifiesta de formas muy diversas, como hemos intentado desarrollar en estas líneas. A todo ello, ayudará conocer cuestiones relacionadas con «Lectura Crítica del Film», método bastante práctico para analizar cualquier película con suficiente objetividad, más allá de la propia subjetividad. En definitiva, cada film es el mismo film, sin que valgan a prioris manipuladores. Pero también es cierto, y lo repetimos, cada persona es cada persona y de forma inevitable se aproxima a todo film desde su insobornable subjetividad. Conjugar subjetividad y lectura crítica puede ser la solución a esta inevitable situación.

2. Una vez más, insistimos en la importancia de «prepararse» para presentar a todo auditorio una película, en solitario o como parte de un ciclo, que después intentaremos ofrecer. En nuestro caso, tenemos cine para toda situación cristiana que debamos abordar, pero se trata no solamente de utilizar la narración/historia fílmica como si nos encontráramos ante una novela escrita, porque, como decíamos al comienzo, se hace necesaria una utilización de los «instrumentos lingüísticos» en cuanto tales, siempre teniendo muy presente que un texto audiovisual tiene sus propias características comunicativas, ineludibles cuando se

requiere comprender y transmitir ese texto. Recordamos cuanto se dijo sobre «el cine como trabajo en equipo», y, por lo tanto, una película es un producto en el que han intervenido muchos profesionales, cada uno en su especialidad, todos ellos aglutinados por el director: leer un film críticamente es ponderar de qué manera una historia narrativa se abre camino en virtud de las aportaciones de todo su equipo creativo. De ahí, la importancia de los «Títulos de Crédito». Entre el equipo, por ejemplo, de *Ben Hur* y el de *Evangelio según San Mateo* se dan diferencias sustanciales para percibir el mensaje cristiano de ambos films.

3. Tal y como venimos indicando, para cada auditorio se precisa una presentación o introducción diferente, lo que en ocasiones se olvida con pésimos resultados. Un grupo de niños de catequesis, exigen organizarles muy bien el desarrollo narrativo del film, insistiendo, además, en el significado de los personajes. Cuando nos enfrentamos a un grupo de adolescentes, grupo cada día más extenso, tendremos que partir de alguna cuestión más temática personificada en sus propias vidas, haciendo fuerza en alguno de los intérpretes en cuanto tales.

En el caso de jóvenes postadolescentes, el nivel anterior puede subirse en la medida que permita el grupo concreto, que será muy diverso. Si nos encontramos ante un auditorio adulto, dependerá también mucho de la generación a la que pertenezca, porque, en la actualidad, la «mochila cultural» varía mucho según las generaciones: en general, podremos elevar el análisis lingüístico, las referencias cristianas, más o menos evidentes, y sobre todo relacionar la película en cuestión con su contexto religioso, cristiano y temático inserto en la objetividad del film. Cada película permite una «expansión temática», que es mejor no forzar en la medida de lo posible. Aplíquese todo lo escrito a los debates tras visionar el film, que debieran organizarse siempre con «orden y concierto», sin que el aluvión de comentarios sofoque los planteamientos ofrecidos por el «coordinador», que suele ser casi siempre el «presentador».

IV. SUGERENCIAS DE CICLOS SOBRE ESTAS MATERIAS

1. Iniciación de la fe

- *La Misión*, de Roland Joffé (1986): una fe servicial y evangelizadora hasta la misma muerte, pero también una experiencia de culpa y de perdón, de inocencia y codicia, con un latido de obediencia y de dolor.

- *Jesucristo Superstar*, de Norman Jewison (1973): un Jesucristo aceptable por los más jóvenes, con la cuestión afectiva entre líneas, además de «el poder del poder».

- *Canción de cuna*, de José Luis Garci (1994): inmersión cordial en la Vida Consagrada Femenina, y de paso en la maternidad.

- *Cartas a Dios*, de Erich Schmitt (2009): una apología de la caridad fraterna y de la relación personal con Dios.

2. Maduración en la fe

- *La Misión*, por las mismas razones... según auditorios.

- *El río de la vida*, de Robert Redford (1993): la vida en familia, la adecuada educación paternal y maternal, los diferentes derroteros de los hijos/nietos, etc.

- *Diálogo de Carmelitas*, de P. Agostini (1960): los dolorosos caminos de la fe, la relevancia de la fraternidad, y cierta profundización en la Vida Religiosa Femenina.

- *El gran silencio*, de Philip Gröning (2005) para introducirse en la contemplación silenciosa y el espíritu fraternal de una comunidad de cartujos.

3. La fe como conflicto

- *De dioses y de hombres*, de Xabiel Beauvois (2010): iniciación a la Vida Religiosa Masculina como ámbito de servicio, de respeto, de fraternidad y de diferencia.

- *La última tentación de Cristo*, de Martin Scorsese (1988): las dudas de Scorsese contempladas en la persona de Jesucristo. Un film que necesita oportuna presentación.

- *El Evangelio según San Mateo*, de P.P. Pasolini (1954): un Jesucristo muy humano que se enfrenta a su sociedad, y este conflicto le conduce a la muerte.

- *Llegaron de noche*, de Imanol Uribe (2022): la dimensión popular en la evangelización. La mirada de Lucía.

4. Esa fe subterránea

- *Gran Torino*, de Clint Eastwood (2008): las raíces de la misericordia en un contexto racista. Un gran guión para comentar las posibles «conversiones» desde…

- *Matar a un ruiseñor*, de Robert Mulligan (1963): un «héroe moderno» desde sus principios radicales. Una acción que surge de unos fundamentos.

- *Un hombre para la eternidad*, de Fred Zinnemann (1966): una historia de conflictos entre el poder y la fe, que nos remiten a la pertenencia eclesial.

- *El festín de Babette,* de Gabriel Axel (1987): las convicciones heredadas se convierten en realidades fraternales.

5. LA FE QUE SE PRACTICA

- *Roma, ciudad abierta,* de Roberto Rossellini (1945): una historia ejemplar del compromiso evangélico y social de un sacerdote frente al nazismo.

- *Gritos y susurros,* de Ingmar Bergman (1972): de cómo la misericordia popular salva al universo dominante. Pocas películas como ésta sobre la fraternidad y la gracia.

- *Ordet/La Palabra* (1955): una explosión perfecta de una fe que se traduce en resurrección. Y una praxis de la fe que se traduce en un film absolutamente bello.

- *Las sandalias del Pescador,* de Michael Anderson (1968): el misterio de la fe mueve montañas… desde la persona de un sucesor de Pedro. Gran narración.

6. La fe que se niega

- *Viridiana*, de Luis Buñuel (1961): un ataque demoledor a la caridad y a la inocencia cristianas.

- *La mala educación*, de Pedro Almodóvar (2004): una crítica feroz a la educación cristiana, que se adelanta a situaciones posteriores.

- *Conspiración para matar a un cura*, de A. Holland (1988): excelente guión para mostrar el conflicto entre el poder totalitario y el riesgo evangelizador de un sacerdote: entre la negación de la fe y el triunfo de la fe.

Estos ciclos solamente dan pie a otros muchos, porque muchas de las películas aducidas en ellos pueden conjugarse entre ellas mismas o, también, mediante la referencia a otros films citados en el texto anterior. En estos ciclos, que huyen de «películas piadosas» pero frágiles, es necesaria una presentación adecuada, según cada auditorio.

Insistíamos al comienzo de este ensayo en la originalidad del cristianismo al situar el núcleo de su fe en el hecho de un Dios Paternal que se ha manifestado en la Encarnación de su propio Hijo en la persona de Jesús de Nazaret, nacido, además, de mujer, Muerto y Resucitado como Salvación de la Humanidad, sin recorte alguno. Y añadíamos que, por el hecho de tal Encarnación, nuestro Dios Paternal se comunicaba de forma «audiovisual», y, en consecuencia, de manera absolutamente adecuada para la «comunicación cinematográfica», que, esencialmente, es un producto audiovisual. De tal originalidad cristiana, partíamos al comienzo de estas páginas.

Al cabo de las mismas, nos parece que hemos desarrollado, de forma suficiente y detallada, de qué manera los grandes directores y las grandes Películas se han hecho cargo de tal originalidad, en ocasiones de forma explícita y en otras de forma referencial. Y, además, hemos insistido, sobre todo al final, en la relevancia de la «Lectura Crítica» como medio de objetivar temática y lingüísticamente los contenidos/mensajes de cualquier film, cristiano o meramente civil. Es una llamada respetuosa al cine como lenguaje específico, detalle fundamental para llevar a cabo una «acción evangelizadora» basada en la objetividad de los productos fílmicos y no solamente en apreciaciones subjetivas. Precisamente el método seguido en nuestro análisis responde a tal tipología de lectura, siempre necesaria en toda producción artística, si bien con aplicaciones diferentes en cada caso.

Ojalá, estas páginas sean de utilidad para todos aquellos/as que, en su tarea catequética o evangelizadora en general, buscan instrumentos apropiados para comunicar la Persona y Vida de Jesucristo, hechos cine, a unos auditorios contemporáneos, habituados a contemplar la realidad en las historias que se desarrollan en grandes o pequeñas pantallas. Y de esta manera, aporten a los creyentes la constatación de que el cristianismo ha estado y está presente en estas imágenes para nuestra imaginación, que nos ayudan a comprender que «la vida es cine y que el cine es la vida».

Y en tantas ocasiones, nos empujan a trascender lo inmediato para sumergirnos en dimensiones cristianas insospechadas. Todo ello desde el misterio audiovisual de la Encarnación del Cristo en Jesús.

ÍNDICE

Esta primera edición de la obra
*Cine y Cristianismo. Una Encar-
nación audiovisual*, original de
Norberto Alcover Ibáñez, S. J.,
se terminó de imprimir en la ciudad de Palma (Mallorca), el día
3 de noviembre de MMXXIV, fes-
tividad de San Martín de Porres,
religioso.

LAVS DEO

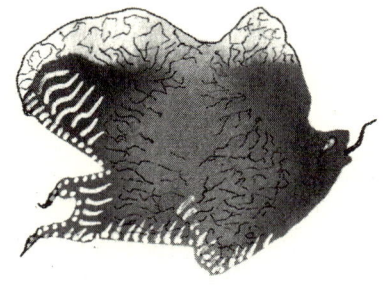